TAN SÓLO ERES UN SER HUMANO

TAN SÓLO ERES UN SER HUMANO

UNA GUÍA *para* LA VIDA

Escrita e Ilustrada por

El Gecko

AGUILAR

AGUILAR

Título original: *You're Only Human: A Guide to Life*, publicado en inglés por Workman Publshing Company, Inc., Nueva York.
D.R. © 2013 GEICO
De esta edición:
D.R. © Santillana Edicicones generales, S. A. de C. V., 2014
Av. Río Mixcoac 274, Col. Acacias
México, D. F. Teléfono (55)5420 7530
www.librosaguilar.com.mx
t:@AguilarMexico
f:/aguilar.mexico

Primera edició: febrero de 2014

ISBN: 978-607-11-3039-6

Traducción: Elena Preciado

Diseño de interiores y cubierta: Adam Stockton

Impreso en México

PRISA EDICIONES

Para mi mamá, ya que sin ella
este libro no sería posible porque
yo no existiría ¿o sí?

Y para GEICO, que es
como mi segunda madre.

ÍNDICE

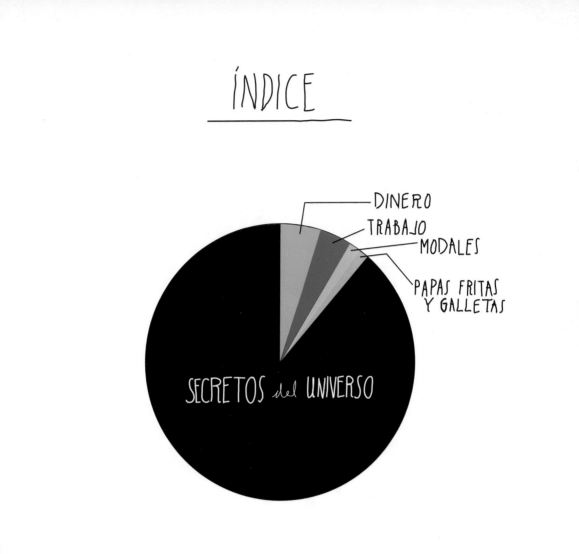

DINERO

TRABAJO

MODALES

PAPAS FRITAS
Y GALLETAS

SECRETOS del UNIVERSO

NOTA DEL AUTOR

La primera vez que los editores me dijeron que escribiera un libro, pensé que era un poco raro, considerando que lo último que había escrito era una nota de agradecimiento para mi tía Beatrix.

Pero nunca me rindo ante un reto, así que decidí darle a este negocio literario una oportunidad. Escribí día y noche, tejiendo un complejo cuento que hablaba de un gecko y su hermosa princesa llamada Josephine. Montando un brioso corcel a través del campo, su verde colita volaba al viento. Escribí de pasión, de romance y ¡de pollo al curry! (que por cierto estaba salido del horno).

Al final, mi obra maestra de 873 páginas estaba lista para el editor, quien al leerla me preguntó por qué escribí una novela de romance si se suponía que tenía que escribir sobre la vida desde la perspectiva de un gecko.

Así que aquí la tienen, gente. Mi primer pizca de sabiduría. Antes de que empieces a hacer lo que vayas a hacer, asegúrate de que entiendes exactamente qué tienes que hacer.

TAN SÓLO ERES UN SER HUMANO

LECCIÓN DE VIDA #1:

¡NO HAGAS CASO A LAS LECCIONES DE VIDA DE UN GECKO!

A través de toda tu vida, tus papás, tus maestros, tus amigos y a veces uno que otro gecko te dan un consejo, algunos son buenos, otros malos. Algunos ni siquiera tienen sentido como "a caballo regalado (fig. a) no se le ve colmillo (fig. b)". El punto es que tienes que confiar en tus instintos. Sigue tus instintos, es más, hazle caso a tus corazonadas. Por ejemplo, en este momento tengo la corazonada de que debería tomarme un descanso de toda esta cosa de negocios y comer papas y galletas.

fig. a

fig. b

AQUÍ TODOS SÓLO SOMOS HUMANOS

A todos nos da risa que alguien se tropiece. Todos lloramos cuando vemos *Titanic*. Todos comemos mucho pastel en los cumpleaños. Y algunos escribimos libros sobre eso. Espero que éste te dé algo de inspiración para la vida. O al menos un poco de entretenimiento en el baño. Sí, porque todos vamos al baño. Es una de las cosas que nos hace humanos. Obvio, estoy hablando en sentido figurado.

Cuadro de colores de piel

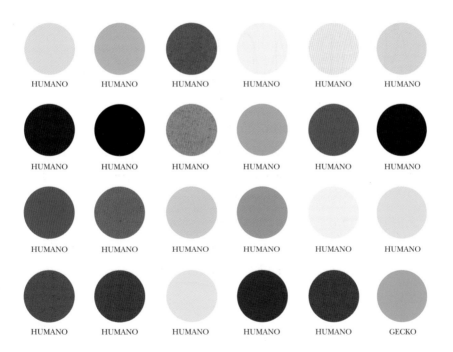

HUMANO	HUMANO	HUMANO	HUMANO	HUMANO	HUMANO
HUMANO	HUMANO	HUMANO	HUMANO	HUMANO	HUMANO
HUMANO	HUMANO	HUMANO	HUMANO	HUMANO	HUMANO
HUMANO	HUMANO	HUMANO	HUMANO	HUMANO	GECKO

ADAPTACIÓN

No vivo en una casita. No trabajo en una oficinita. Si quieres sobrevivir en el mundo, tienes que adaptarte a tu entorno.

LOS ANIMALES HABLAN

No sé por qué tanto escándalo. Muchos animales hablan, incluyendo a los humanos. La pregunta es: ¿Qué tienes que decir para que valga la pena ser escuchado?

¿"JITOMATE" o "JITOMATE"?

fácil: Jitomate.

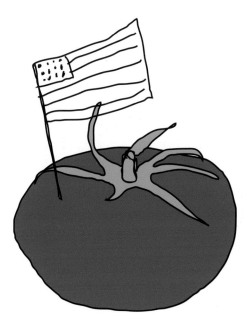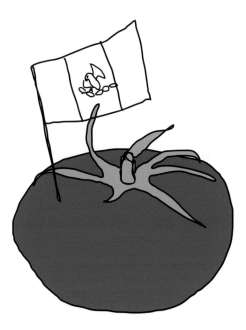

¿"PAPA" o "PAPA"?

Lo mismo que con el jitomate. ¿Ya aprendiste algo o todavía no?

SUBGRUPOS DE PAPAS

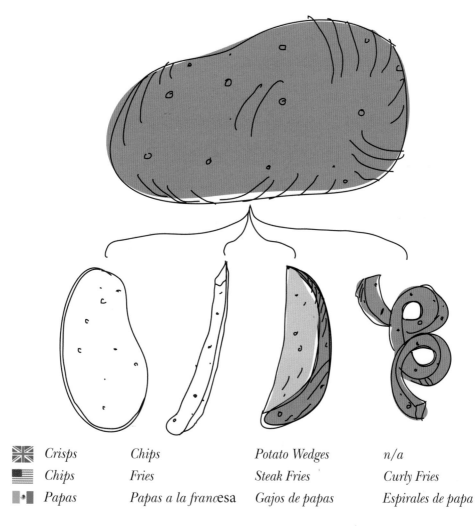

	Crisps	Chips	Potato Wedges	n/a
	Chips	Fries	Steak Fries	Curly Fries
	Papas	Papas a la francesa	Gajos de papas	Espirales de papa

¿"CATSUP" o "KETCHUP"?

De hecho, si me preguntas, ninguna tiene sentido.

¿Por qué no sólo llamarla por lo que es? Salsa de tomate.

CONOCE TUS MOSTAZAS

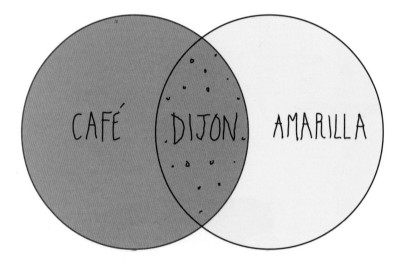

CAFÉ · DIJON · AMARILLA

CONOCE TUS SALSAS

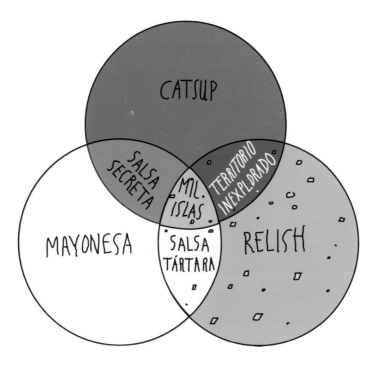

DICEN QUE LA CURIOSIDAD MATÓ al GATO

No es cierto. La verdadera historia es que una bola de pelo se le atoró en la garganta. Su gato amigo trató de salvarlo con la maniobra de Heimlich, ya sabes, primeros auxilios, pero fue muy tarde. Así que si quieres una vida larga y próspera, cuídate de las bolas de pelo y curiosea todo lo que puedas.

Siempre he sido curioso. Una vez alguien me horneó dentro de un pastel para ver qué pasaba. Cuando la masa empezó a hacerse dura, decidí darle una mordidita. Recuerdo que era de doble chocolate. Pero resulta que soy intolerante al gluten… casi muero.

Así que mejor olviden todo lo que les dije antes. Pensándolo bien, es muy posible que la curiosidad si haya matado al gato.

HABLANDO DE REQUISITOS DE ESTATURA

Un día voy a poner un parque de diversiones. Pero a los que pasen de cierta altura, no los dejaré subir a ninguno de los juegos. ¡He dicho!

TALLA DE PANTALONES

Los sueños son como los pantalones. Deben ser una o dos tallas más grandes que la tuya por si crecen…

De hecho, todos los pantalones me quedan grandes. Se me caen y muestran mis pompis.

Supongo que está bien porque así los usan los chavos hoy en día. Soy "relajado" como dicen.

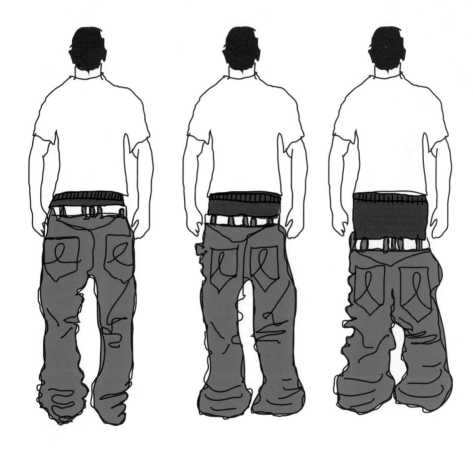

 TALLA DE PANTALONES

Desde muy pequeño, mi mamá me enseñó la importancia de ahorrar. Siempre me decía: "El dinero no crece en los árboles, cariño."

Mi amiga la ardilla tiene serios problemas con este principio. Porque claro, las bellotas sí crecen en los árboles.

Simplemente para ella nunca son suficientes. Quiche de bellota, helado de bellota, chimiganga de bellota… hasta recuerdo que había una jalea de bellota. (Espantosa en galleta. Pero no tengo el corazón para decírselo).

El punto es que vive en el derroche de bellotas, sin preocupación alguna. Sin pensar en ahorrar un guardadito bajo el colchón. Un día todo se acabó. Sus bellotas volaron casi hasta Escocia. Y se quedó sin nada, salvo unos frascos de jalea de bellota.

Si tan sólo hubiera guardado el 15 por ciento de sus bellotas, antes de impuestos claro, habría podido enfrentar los tiempos de austeridad con mayor facilidad.

Mi pobre amiga aprendió una fuerte lección en el invierno. Una bellota ahorrada es una bellota asegurada para el sustento. Yo también aprendí una lección. Alejarse de las ardillas hambrientas, en especial cuando están babeando.

Sólo asienta con la cabeza y aléjate lentamente.

La vida como

IGNORA las CRÍTICAS

Ya sabes, siempre están ahí: las críticas. Los cazafallas. Aquellos que sólo tienen negatividad en el corazón. No puedes cambiar su comportamiento, pero sí puedes cambiar tu reacción ante ellos.

Sólo hay una cosa por hacer, y en verdad te lo digo: ignóralos. Olvida que existen.

O podrías poner aderezo en sus archiveros cuando anden en una conferencia de ventas por el sureste. Cualquiera de las dos cosas funciona.

Mantén tu mente abierta. Es todo lo que tengo que decir.

¿Dónde está el idealismo trascendental?

DA UN POCO de TI MISMO

Esto es importante. Te sorprendería lo que un espíritu caritativo y compasivo puede hacer por la autoestima.

Así que sé voluntario en tus ratos libres. Dona dinero o ropa… o sangre.

Lo hice una vez. Fue una especie de error. Sólo tengo 9.2 ml de sangre, no mucho si lo piensas. Como un sobrecito de cátsup.

Además no soporto ver mi sangre. Me desmayé al instante. Vergonzoso. ¿El lado bueno? Me dieron un refrigerio. Aquí veo el vaso medio lleno.

Y de eso se trata la vida ¿o no?

Dulces gratis.

catsup

de marca

EN EL TWEETER*

Un hombre llega y me pregunta si tweeteo. A lo que respondí "no sé de qué hablas, soy un gecko. Mi sonido es más un gorgoreo que un tweet." Entonces me dijo una tontería refiriéndose a que yo estaba confundido, cuando él sólo quería seguirme, lo que me dio mucho escalofrío. Que tipo tan extraño.

*[N del T. Tweet significa trino, sonido que hacen los canarios. En este caso, obvio, hace referencia al tweeter de las redes sociales]

CELEBRIDADES VERDES (POR ESTATURA)

El Alegre Gigante Verde   Frankestein   Shrek

SIEMPRE HAY ALGUIEN MÁS... QUE TÚ

más alto que tú, más bajo que tú, más rico que tú, más pobre que tú, más hermoso que tú, más feo que tú y más verde que tú.

La Malvada Bruja   Gomosito   El Gecko de GEICO   Un m&m verde

HAIKÚS* de GECKO.

Exhalar. A menudo escribo haikús. ¿Qué? ¿Piensas que paso todo mi tiempo haciendo comerciales? He aquí unos de mis favoritos.

Verde cama es la naturaleza
pequeña pero listo y divertido, ¡hey!
A quién le gusta el jamón, a mí.

*[N del T: El haikú es un poema japonés breve de tres versos]

Hacia las nubes miro
mi altura no está de mi lado
¡Oye mira! Una moneda.

La lluvia cae en mi cabeza
Madre naturaleza ¿una mamá?
Una sombrilla necesito.

ENEMISTAD

Bueno, nunca me pelearía con alguien. Excepto, quizá, con un halcón. Y sólo porque creo que puede tener otras intenciones.

![] Solicitud de amistad

Halcón

Tienes 0 amigos **en común**

Agregar amigo

Aceptar   Ignorar   Enviar mensaje

LUCHAR CON ÉXITO

El éxito puede cambiarte, en verdad puede. Lo he visto una y otra vez. El lado oscuro de la celebridad. Tomemos como ejemplo a una amiga mía, una tortuga que fue estrella en algunos comerciales para una compañía que no mencionaré.

Bueno, estaba en la cima del mundo, tenía muchos llamados para películas, libros y empleos. Pero entonces -pauta musical- las cosas empezaron a ir cuesta abajo. Autos rápidos, multitudes rápidas, no luchaba muy bien. Después de todo era sólo una tortuga. No están acostumbradas a ir rápido ¿o sí?

Aquí el punto es que nunca debes perder tu comportamiento apropiado, no importa qué tan exitoso llegues a ser. Nunca olvides quién eres en tu interior. Y ante todo, las verdaderas razones por las que encontraste el éxito.

No estoy seguro qué sucedió con mi amiga tortuga. Lo último que escuché es que perdió todo, a su esposo, su familia, su hogar… que era su caparazón. No hay algo más triste que una tortuga sin caparazón.

Ojo, cuento de precaución.

TOILETTES

Nadie lo pronuncia bien la primera vez.
No importa.

TUA　　LET

UNA PALABRA DE EMERGENCIA:

Entre más famoso te vuelvas, más probable será que alguien busque tus fotos antiguas.

Collins, Parker   Cox, Earl   Fallen, Katie   Ferran, R

Floyd, Luke   Gecko, El   Harris, Justin   Massariol, M

U

AMA LO QUE HACES

Cada mañana salto de la cama emocionado por el día que me espera. Entusiasmado por la oportunidad de hacer mi trabajo.

El truco es encontrar lo que más amas por encima de todo y hacer de eso tu profesión.

(Excepto comer mermelada y galletas. Al parecer nadie te pagará por eso. Al menos, no hasta ahora).

Haz de tu vocación tu vacación. Ese siempre ha sido uno de mis pequeños dichos. Bueno, la verdad lo leí en una parada de autobús.

CURIOSIDAD

Curiosea siempre, juega siempre. A menos que estés en la selva. Ahí sólo curiosea.

DULCES GRATIS

LIDIANDO con la ADVERSIDAD

Puedes verme y pensar: "Éste fue construido para el éxito. Un acento adorable y encantador. Personalidad amable. Quijada atractiva."

Pero no siempre fue un camino fácil. Descubrí desde muy temprana edad que una actitud positiva lo es todo.

¿Qué dicen? El éxito es 99 por ciento de trabajo y 1 por ciento de talento. ¿O era 99 por ciento de talento? Ya se me olvidó.

Pero sí que sudo la gota gorda. Lo cual es extraño porque no estoy seguro de que los geckos tengamos glándulas sudoríparas. Ya ves, somos de sangre fría.

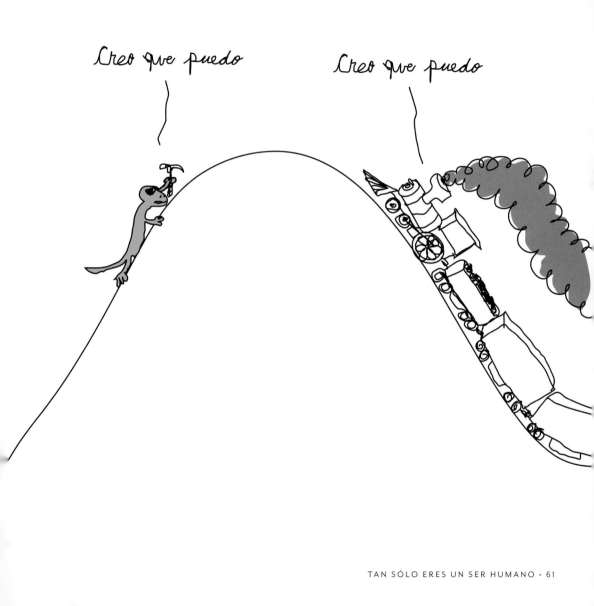

LIMPIA TUS MIEDOS CON HILO DENTAL. ENFRENTA TUS DIENTES TODOS LOS DÍAS

¿O era enfrenta tus miedos y limpia tus dientes con hilo dental todos los días? En realidad ahora que lo pienso, esto último tiene más sentido.

PASTA DE DIENTES

HILO DENTAL

SDU

¿No saben lo que significa? Ese es mi punto. ¡Simplemente díganlo!

CONOCE A TU AUDIENCIA

En mi experiencia, entre más conozcas a tu audiencia, más exitosa será tu presentación. Algunos dicen que funciona si la imaginas en ropa interior. Pero si me lo preguntas, eso es conocerla demasiado bien.

CARPE GECKUM*

Si no te apoderas del día, terminará apoderándose de ti. Así que digo: "¡Atrévete!" Seguro podrás perder tu cola en el proceso. Y sí, existen esas semanas incómodas en las que te está creciendo de nuevo y la gente se queda viendo tu trasero. Sólo recuerda: la cola aparece otra vez, pero algunas oportunidades nunca lo hacen.

*[N del T. Del latín APODÉRATE DEL GECKO. Hace referencia a *Carpe Diem* que significa apodérate del día]

OTROS TÍTULOS CONSIDERADOS para ESTE LIBRO

AGUA PARA GECKOS

LA CHICA DEL GECKO TATUADO

LA DOBLE VIDA DE UNA DOBLE VIDA

LA HISTORIA DEL GECKO

50 SOMBRAS DE VERDE

POR QUÉ GORGOREA EL GECKO ENJAULADO

BÉSAME, SOY VERDE

AHORA ESCUCHA ESTO (con tus ojos)

CALDO DE POLLO para TONTOS

CAMINA CON SUAVIDAD y LLEVA SIEMPRE UN CUADERNO

Cuando la inspiración llama a la puerta, asegúrate de dejarla pasar. Sólo piensa en todas esas ideas grandiosas que la gente olvida a través de los años. Y de cualquier modo mi cerebro es casi del tamaño de una pasita, así que se satura con mucha facilidad.

TAMAÑO REAL DEL
CEREBRO DEL GECKO

TAMAÑO REAL
DE UNA PASA

MUUU. MIAU. OINC.

He aprendido de primera mano que hay muchas ventajas de ser un animal que habla. Por ejemplo, digamos que soy una vaca, estoy rumiando en una verde pradera cuando de repente veo a un granjero venir con una cubeta para ordeñarme. Entonces digo: "Disculpe señor granjero, estoy un poco ocupada. ¿Por qué no lo hace más fácil para los dos y se va corriendo a la tienda a *comprar* un poco de leche?"

Pero no. Una vaca sólo se queda ahí y hace muuuu. O sea, ¡qué onda vacas! No somos adivinos para leer la mente.

Así que, para recapitular, si eres un animal, sugiero de manera enfática, que aprendas a hablar. No sólo será más fácil decir tu punto de vista, también aumentará tus posibilidades de aparecer en un comercial.

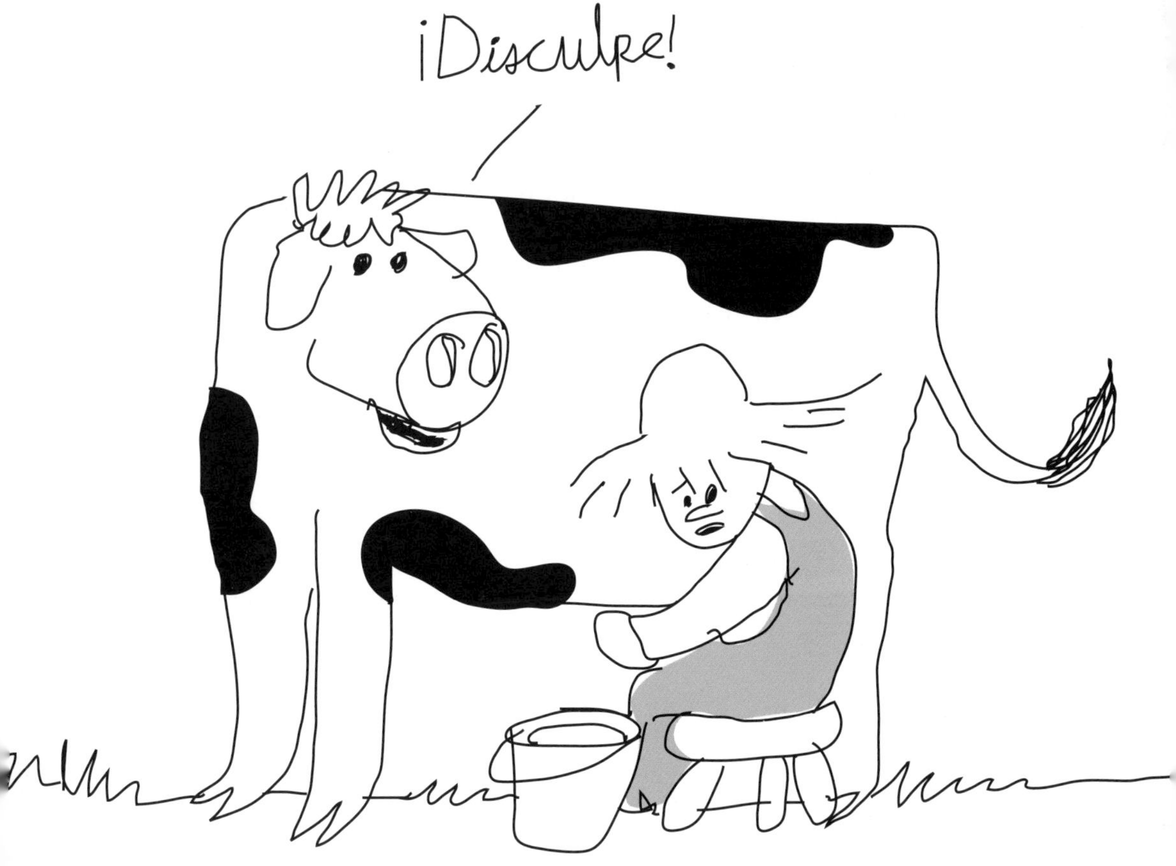
¡Disculpe!

A veces sólo tienes que ver a un ornitorrinco para pensar,

¿ME ESTOY ESFORZANDO LO SUFICENTE?

¡Ah, seguro! Hoy me ves y observas un icono publicitario de fama mundial. Pero no fue siempre así. Como muchas grandes historias de éxito, el mío empezó en la oficina de clasificación de correo. Me imaginé que empezaría desde abajo e iría subiendo poco a poco.

Pero esto sucedió un poco más rápido de lo que esperaba.

El primer día, estaba a punto de hacer mis ocupaciones: clasificar el correo, cuando de repente me di cuenta que mi cola estaba muy cerca de la rejilla del elevador que sube las cartas.

Me succionó de inmediato. Directo hasta el piso 27.

Tuve tanta suerte que aterricé de manera espectacular en medio del departamento de marketing, donde estaban a punto de nombrar al vocero para un comercial.

Supongo que fue uno de esos casos donde estás en el lugar correcto a la hora adecuada. Bueno, eso y el hecho de que su primera opción, el tejón Beauregard, ya había herido a muchos miembros del grupo, me dio la oportunidad. He dicho suficiente. Caso cerrado.

Por lo anterior, supongo que la lección a aprender aquí es: "Con trabajo duro y un poco de suerte no tienes otro lugar al que ir más que a la cima."

¿CUÁL ES LA DISTANCIA MÁS CORTA ENTRE DOS PUNTOS?

Una línea recta, lo cual no debería confundirse con la mejor distancia entre dos puntos.

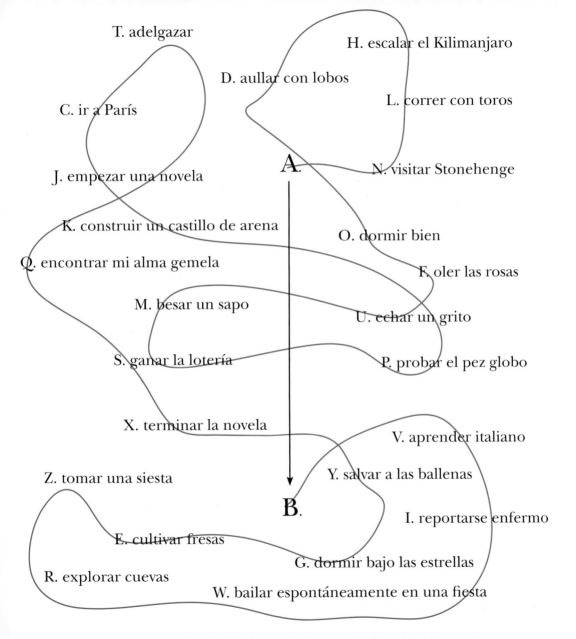

EN EL GPS

Si te pierdes, es bueno saber que siempre puedes pedirle a un satélite amigable que está sobre ti, que te indique tu localización exacta. Pero a veces, no saber dónde estás con precisión puede llevarte a grandes aventuras. Así que contempla la posibilidad de perderte de vez en cuando.

Si tan sólo pidieras
indicaciones

No _estoy_ perdida

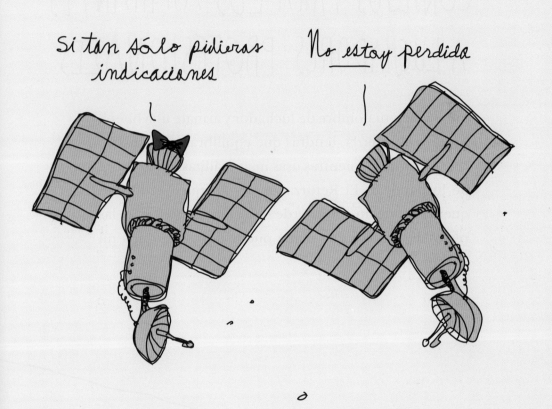

CONSEJOS PARA LOS ASPIRANTES A LUCHADORES PROFESIONALES

Piensa bien tu nombre de luchador y ármate una buena historia. Recuerda, tendrás que equilibrar el hecho de verte muy rudo mientras usas unas mallitas. Mi nombre de luchador es El Reforzador del Bosque Verde porque: 1. Soy de un color verde específico, 2. Refuerzo las reglas de manera que nadie puede poner en duda mi nombre de luchador.

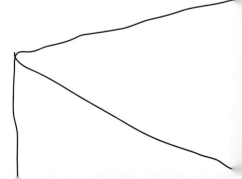

CÓMO SER UN BUEN CAPITÁN ESPACIAL

En caso de que este libro se quede en la repisa un rato, he incluido algunos consejos para lectores en el futuro.

1) Habla fuerte y con confianza.

Cuando le dices a tu tripulación que lance un cohete de fotones, haz que se lo crean.

2) Ten un buen subcomandante a bordo.

Los capitanes no deberían preocuparse por las botanas, ni por el programa de becarios. Necesitas un subordinado confiable que se encargue de esas cosas por ti.

3) Usa un uniforme un poquito diferente al de los demás.

De ese modo saben que eres especial.

4) Emplea un slogan.

Por ejemplo: "¡A velocidad luz!", "Este es mi universo", "Conviértelo en un agujero negro".

5) Involúcrate en algunas batallas de vez en cuando.

No enloquezcas ni nada por el estilo, pero algunas veces es bueno dejarle ver a tu tripulación que todavía puedes.

6) Conviértete en buen amigo de un alien.

Sé la imagen de armonía que tu tripulación necesita.

7) Consigue una silla especial y no permitas que alguien más se siente ahí.

Porque una vez que suceda, empezarán a tener ideas.

8) Llévatela leve cuando puedas.

Instituye los Viernes Casuales. Lleva a tu mascota alien en un día de trabajo. Celebra la fiesta del día intergaláctico.

9) Habla de tu planeta de origen con cariño, pero con reserva.

Muestra que tienes corazón pero que tu tripulación no te vea débil.

VÍSTETE MENOS FORMAL.
MIRA LO QUE PASA

SÉ CAMPEÓN DE ALGO

A nadie le importa que no seas un atleta de fama mundial. Cada quien es bueno en algo. Ese algo puede ser "piedra, papel o tijeras" o hacer ruidos graciosos con tus axilas. Por lo que respecta a mí, soy un campeón del juego del limbo. Mi record personal son 7.6 cm, mejóralo y te compraré una mega bolsa de papas fritas.

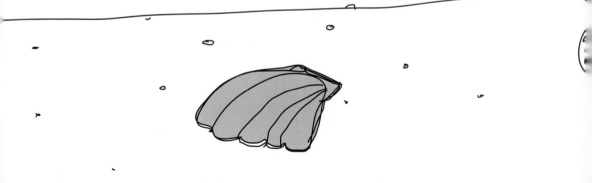

ACUÉSTATE TEMPRANO y LEVÁNTATE TARDE

Es como dicen "Al que madruga Dios lo ayuda". Si no eres de los que madrugan entonces aplica "No por mucho madrugar amanece más temprano".

INTERNET

Tuve una revelación graciosa y profunda al respecto. Pero cuando estaba a punto de escribirla, empecé a ver videos divertidos de gatos y después videos chistosos de bebés. ¡Y al final encontré videos de bebés jugando con gatos! Todos muy divertidos. Acabo de perder por completo mi idea original. Así que… mmmm. Lo siento, no tengo nada que decir.

NO SEAS UN CUCHADOR

El cuchador es parte cuchara y parte tenedor, pero es muy difícil hacer los dos trabajos. En otras palabras, tienes que ser 100 por ciento tú para así sacar todo tu potencial.

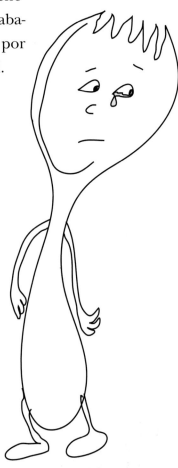

PUEDES HACER TODO LO QUE TU MENTE SE PROPONGA

Siempre y cuando no le digas a tu mente que ponga en tu colita unos calentadores ochenteros. No, no lo recomendaría.

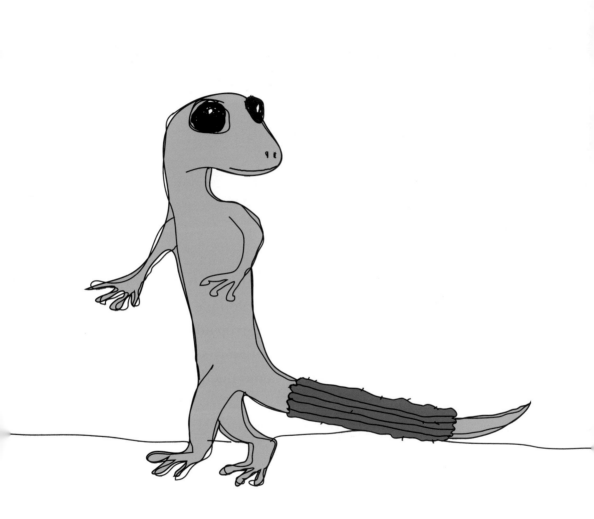

FUTBOL

Disfruto el futbol americano tanto como puedo. Pero no entiendo por qué le llaman balón pie cuando se pasan el 98 por ciento del tiempo arrojando el balón con las manos. ¿Por qué no le llaman *balón mano*, *pasa balón*, *agarra balón* o *lanza balón*? Como pueden ver hay muchas opciones grandiosas.

Terminemos la confusión ¿les parece?

✋ + 🏈 = ¿Balón pie?

🦶 + ⚽ Balón pie

PREGUNTAS FRECUENTES DE LOS CASEROS

P: ¿Tienes que llamar a tu casero "Señor Casero"?

R: No.

P: ¿Son "Señores Marinos"?

R: Buena pregunta. No lo creo, pero dejemos eso a los biólogos marinos.

P: ¿Los caseros usan peluca y se gritan con acento británico?

R: Estás pensando en otra cosa.

P: Mi casero ha sido evasivo. ¿Puedo reportarlo ante el rey de los caseros?

R: No existe un rey de los caseros.

P: Estas preguntas son totalmente inútiles. ¿Qué tipo de gente las hace ?

R: Justo pensaba en lo mismo.

"Steve, vuestra renta ha expirado."

LANZAS DE PEPINILLOS

Suena un poco agresivo, si me lo preguntas. O sea, ¿quién quiere comer algo que también es un arma?

LA REGLA DE ORO

Siempre ponles vinagre de malta a tus papitas. Confía en mí. Simplemente no saben igual.

¿La otra Regla de Oro? Ah… sí, ya me acordé. Trata a los demás como te gustaría que bla, bla, bla.

Olvidé lo que sigue, pero estoy seguro que podrás encontrarlo en Google.

Siempre he pensado que los buenos modales son importantes. Son la clave de la civilización. Cualquiera que no crea esto, es seguro que nunca ha cenado con un hurón.

Dicho lo anterior, hay algunos modales que parecen muy tontos para mí. Por ejemplo, el servicio o acomodo de las piezas en los restaurantes elegantes. ¿De verdad necesito 17 cubiertos de plata sólo para una comida? ¿Y cómo sé cuál es el tenedor correcto para la chuleta de cerdo?

Y toda esta cosa de que los británicos no deben usar ropa blanca después del Día del Trabajo. La pregunta obligada es: ¿Por qué blanco? ¿Y por qué el Día del Trabajo? Y si de verdad vas a insistir en no usar ropa de un color particular ¿Por qué no verde pistache? Sinceramente nadie se ve bien usando este color.

La verdad es que cuando se trata de modales hay tres cosas que en realidad necesitas recordar:

- Sé amable con la gente.
- Si eructas, discúlpate.
- No intentes darle un puñetazo a un miembro de la familia real. Pues… serás sometido por los de seguridad.

ACOSADORES DEL ESPACIO

Así les diga a las personas
que mirar a través
de sus telescopios.

INCLUSO A UNA TEMPRANA EDAD, YA ME PARABA EN DOS PIES

Por supuesto, en el momento en que te paras sobre tus dos pies la gente espera mucho más de ti. La siguiente cosa de la que te enteras es que ya estás podando el pasto, sacando la basura y esperando al camión de los helados, intentando averiguar cómo terminar las siguientes treinta páginas del libro que tienes que entregar a tu editor en la tarde.

1.   2.

Mi primer autorretrato

TEXAS

Ahí tienen su propio idioma ¿verdad? Por ejemplo en lugar de decir "hola" dicen "holis", en lugar de decir "amigo" dicen "cuate". Y en lugar de decir "verdura" dicen "filete".

EL FUTURO

Haz lo máximo cada día. Vive la vida sin arrepentimientos. Porque ninguno de nosotros sabe lo que le depara el futuro ¿o sí?

Excepto que habrá autos voladores.

Y centros comerciales en la luna.

Y un presidente gecko.

1HR. DE ESTACIONAMIENTO GRATIS

SOBRE LAS ÁGUILAS CALVAS

¿Por qué tienen que hacer énfasis en el hecho de que estas pobres aves son calvas? ¿No me llaman gecko calvo o sí? Me parece algo cruel.

LOS CLÁXONES SON COMO LOS RABOS

El hecho de que tengas uno, no significa que lo tengas que usar todo el tiempo. Puedes preguntarte cómo se usa un rabo. Es una pregunta complicada. Demasiadas respuestas. Te proporciona equilibrio cuando hay mucho aire. Sirve para alcanzar monedas que se meten abajo de un mueble. Y por supuesto se usa para defensa personal. El antiguo arte del Kung Fu Rabo. Así le dicen.

HABLANDO de RABOS

¿Por qué se dice "ponle la cola al burro" cuando hay tantas buenas opciones para escoger? ¿Cómo la eligieron? ¿Cuáles fueron los criterios? ¿Y cómo se sienten los burros al respecto?

Lince

Castor

Stegosaurus

Oso

Mono araña

Escorpión

Zarigüeya

yo

Cerdo

Conejo

Hámster

Rottweiler

Cocodrilo

PENSAMIENTOS PROFUNDOS

Las personas profundas por lo regular tienen una cosa en común: hablan menos que los demás. Podría decir más, pero no lo haré. Porque soy profundo.

...O...

OBSERVA al PEZ DORADO

Porque ya sea que esté en una bolsa con agua o en un lujoso acuario, sigue nadando.

ESCUCHA A TUS AMIGOS

Tienen el poder de descubrir los problemas en tu vida que tú no ves.

ESCUCHA A TUS MAYORES

Especialmente cuando te están hablando.

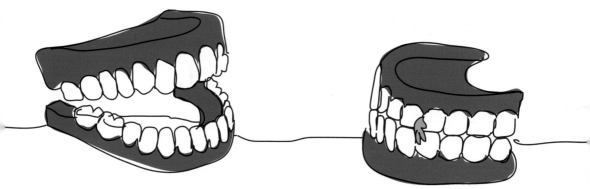

"Kevin, tienes lechuga en los dientes"

LO QUE HACE HUMANOS A LOS HUMANOS

Razonar te hace humano. Razonar y reír te hace más humano. Razonar, reír y una cola te hace gecko.

DETERMINACIÓN

Cuando apenas era un pequeño gecko, pensaba "me gustaría ser el vocero oficial, el icono, el emblema de una compañía reconocida." Muchos pensaron que estaba loco. Pero con la creencia de una mente singular y un enfoque cual sable láser, aquí estoy. Eso es todo lo que se necesita.

Y un nombre que se confunda con facilidad con el nombre de una gran compañía.

Eso también es bueno.

ACERCA DE LOS TATUAJES

Son permanentes.

SOMBRERO DE TIROLÉS

Si nunca has usado este tipo de sombrero, no te puedes aparecer de repente usando uno. Sería muy impactante para tus amigos. Te recomiendo mudarte a otro estado y empezar con un grupo diferente de amigos que no sepan que usar un sombrero tirolés es una parte nueva en tu estilo de vida.

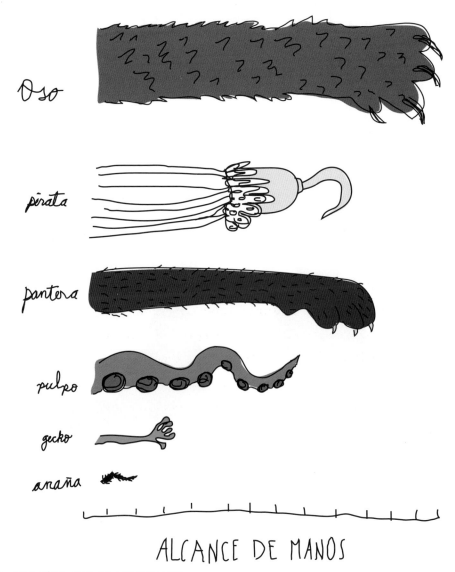

Oso

pirata

pantera

pulpo

gecko

araña

ALCANCE DE MANOS

ALCANCE DE TU MANO

Cuando dicen que algo está al alcance de tu mano, ¿a qué mano se refieren exactamente? Si estás hablando de aves predadoras, me referiría a la mano de un oso. Pero si estamos hablando de una canastita de dulces, pienso que mi mano sería la correcta.

PERSPECTIVA

Algunos se preguntan: "¿El vaso está medio lleno?"
Otros se preguntan: "¿El vaso está medio vacío?"
Yo digo "pregúntale a la mosca, está más cerca".

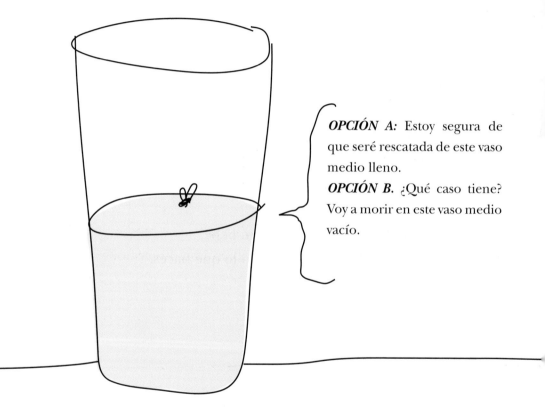

OPCIÓN A: Estoy segura de que seré rescatada de este vaso medio lleno.

OPCIÓN B. ¿Qué caso tiene? Voy a morir en este vaso medio vacío.

NO ACTÚES COMO BEBÉ

A menos, claro, que seas un bebé.

Entonces sí, sigue haciendo lo que haces.

Para mí, lo mejor de la universidad no fueron las fascinantes cátedras, los partidos de rugby o las noches de peleas de almohadas en el dormitorio.

Lo mejor fue tener la libertad para comer lo que quisiera cuando quisiera. No estaba mamá cerca para hacerme comer frutas y verduras.

Estaba viviendo un sueño. ¡Papas y galletas de desayuno, comida y cena! Con una guarnición de papas y galletas, por supuesto.

Un día, cuando salía del comedor de la universidad, alcancé a ver mi reflejo en una ventana. Apenas y me reconocí.

En verdad me había ganado el título de "*freshman 15*"* que en mi caso, eran más bien como 15 onzas, de las cuales la mayoría se habían ido derechito a mi cola.

Fue entonces cuando adopté el mantra "todo con moderación" y mi cola regresó a su tamaño normal.

Algo bueno salió de la experiencia. Le di al mundo la rueda carga colitas. (Ver "Mis inventos secretos del millón de dólares")

*[N del T. Freshman 15 es una expresión que hace referencia a las 15 libras (6.75 k.) que sube un estudiante en su primer año de universidad por comer chatarra, carbohidratos y comida rápida]

Tiro al blanco con moscas

(¡SHHHH!)

MIS INVENTOS SECRETOS
DEL MILLÓN DE DÓLARES

Ventilador engarchable para sopa

Rueda carga colitas

Cubre tetera eléctrica

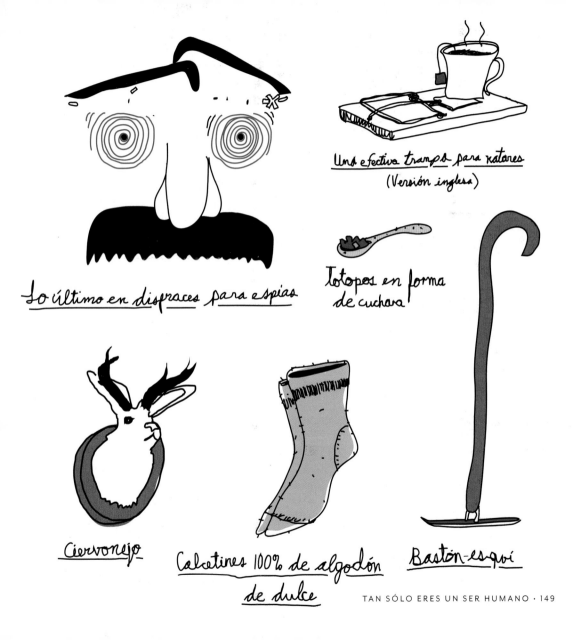

Una efectiva trampa para ratones
(Versión inglesa)

Lo último en disfraces para espías

Totopos en forma
de cuchara

Ciervonejo

Calcetines 100% de algodón
de dulce

Bastón-esquí

RÍE MÁS SEGUIDO

En especial de ti mismo.

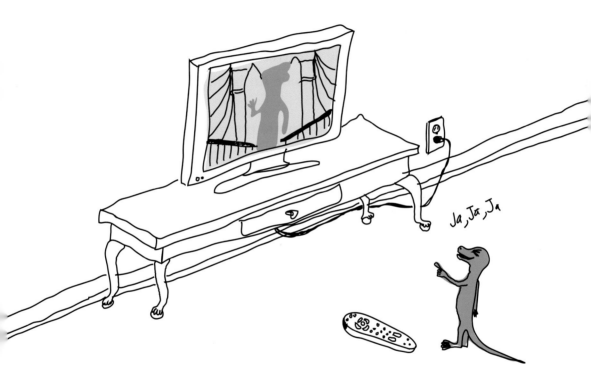

Ja, Ja, Ja

HABLA "ESPAÑOL", ¿PODRÁS?

Un amigo mío me habló y me dijo que se había pincha-
do justo a la orilla de la carretera, debajo del puente
peatonal. De inmediato tomé un botiquín y fui en su
auxilio.

Cuando me vio, me preguntó por qué le había lleva-
do un botiquín cuando lo que necesitaba era un gato.
Le sugerí que buscara en su cajuela y me miró algo confundido, entonces le dije que buscara en el cofre.

Ya no nos hablamos.

🇲🇽	*Ponchar*	*Gato*	*Cajuela*	*Cofre*
🇪🇸	*Pinchar*	*Gato*	*Maletero*	*Capó*
🇬🇧	*Flat*	*Jack*	*Boot*	*Bonnet*
🇺🇸	*Apartment*	*Jack*	*Trunk*	*Hood*

TIENDAS DE 24 HORAS

Al ser la criatura nocturna que soy, encuentro las tiendi-
tas de 24 horas… las 24 horas. Aunque a veces me pre-
gunto, si abren las 24 horas, los 7 días de la semana, los
365 días del año ¿para qué tienen cerraduras?

¿POR QUÉ LOS ADIVINOS
NO SE HAN GANADO la LOTERÍA?

SABE A POLLO

Dicen que la carne de víbora de cascabel sabe a pollo, pero quizá, y sólo quizá, el pollo sabe a víbora de cascabel. Piénsalo bien. Bueno, si es verdad o no, pienso que empezaré a decirlo. Suena más rudo. Si me lo preguntas, me da una imagen de conocedor al instante.

NO SEAS HIPÓCRITA

cuando digas "no seas hipócrita".

Es descortés sostener la mirada.

APUNTES DE ESCRITORES

Si te encuentras los apuntes de un escritor, haz garabatos. Si te encuentras un cuaderno de garabatos, escribe.

CATSUP
GRAVY
in a bottle

BRONCEADORES EN AEROSOL

No entiendo todo este relajo de cambiarte el color de piel. Yo digo: sé feliz con la piel que tienes. A menos que seas como mi primo Neville, que tiene que cambiar el color de su piel para evitar a los depredadores naturales. ¿No puedes culpar a un tipo como él o sí?

RONCEADOR

— Siena
quemado

Mi primo Neville de
ui   en Escocia.

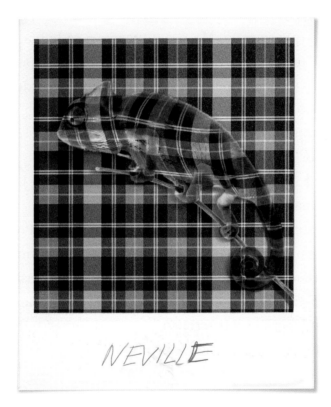

NEVILLE

GOLF

Una vez fui a un curso de golf. Ya sabes, sólo para saber de qué se trata. Me preguntaron si ya había pagado mi derecho al green. Dije "¿Van a hacer pagar a alguien su derecho al green sólo porque es verde? ¿Es un poco discriminatorio no?

Entonces un señor gritó "¡Fore!"*

"¿For qué?" Contesté.

Pero antes de que me respondiera, una bola blanca durísima me pegó en la cabeza.

Estaba muy desorientado y caí en un hoyo. Por fortuna, un hombre llegó y me sacó de ahí. Al verme gritó asustado, a lo que le respondí "¿qué? pero si usted es el que está usando pantalones naranja con rosa. Si alguien debería gritar sería yo."

Esto hace que el rugby en verdad parezca civilizado.

*[N del T. Grito para advertir a los jugadores que pueden ser golpeados por una bola en juego]

Defenestrar. (de fe nes trar) vt.

Arrojar a alguien por la ventana. ¿Qué tan seguido sucede esto en nuestra vida diaria? Bueno, a menos que seas el súper héroe que pelea con el villano al final de una película… aunque es un poco raro.

Pusilánime (pu si lá ni me) s. y adj.

Dícese de la persona que es tímida o sumisa. Aún si conoces a una persona que se apegue a esta descripción, ¿por qué usar una palabra que suena a secreción de herida infectada? ¿Y por qué tantas vocales? ¿Estamos tratando de hacer un crucigrama o qué?

Fullero (fu lle ro) s. y adj.

Dícese de la persona que obtiene ventaja de los demás por medio de trampas y mentiras. Estoy completamente seguro que decirle a alguien "eres un tramposo" o "eres un mentiroso" es mucho más claro que decir "eres un fullero".

Atmósfera (at mós fe ra) s.

Ambiente social de una persona, ¿cómo dijo?

Pulcritud (pul cri tud) s.

Limpieza. A mí me suena como una mezcla de pulula, cría y multitud. Creo que estarías más seguro si sólo dices a alguien que es muy limpio.

Lo que me recuerda que tengo que agradecer a algunas personas muy importantes:

Steve Bassett, el ser humano más amable que he conocido, con el mejor cabello. Adam Stockton, quien me enseñó todo lo que sé de dibujo. Y de tipos de letra. Y de calles adoquinadas. Y de arte extranjero holandés del siglo XVII. Y de exploración de cuevas… Anne Marie Hite, mi musa con carita de ángel y risa de hiena. Ken Marcus, quien me pregunta: ¿por qué decir algo en pocas palabras cuando puedes decirlo en cinco párrafos? Justin Bajan, por demostrar que hay una relación inversamente proporcional entre la altura y el humor. Wade "sí, sí, también los hombres de verdad beben Chardonay." Neel Williams, cuya educación en Yale hizo que mi humor fuera más inteligente. Kevin Thompson, quien parece una persona muy distinta sin su sombrero. Mike van Linda, la versión masculina de Linda van Mike. Bob Meagher, un gran escritor y todavía mejor bailarín de swing (aunque creo que una vez me dislocó el hombro). Andrew Goldin, nombre apropiado para alguien que me dio un show que vale oro. Raymond McKinney, quien me enseñó que el secreto de escribir demasiadas páginas en poco tiempo es enfocar tu atención, ¡oh mira, una mosca! Joe Alexander. Hola amigo. Mis queridos amigos de la agencia Martin, Dean Jarret, Liz Toms, Susan Karns, Suzanne Wieringo y Chris Mumford. Mary Ellen O'Neill y todas las finas personas de Workman Publishing. Los tipos lindos de Framestore que siempre hicieron que me viera bien. Sí, estoy hablando de ti "Booty Dog". Amy Hooks, Ted Ward, Bill Roberts, Tony Nicely y todos los chicos grandiosos con los que he tenido el placer de trabajar en GEICO. Y al último, pero no menos importante, Josh Poteat, quien corrigió 198 errores gramaticales de la edición en inglés de este libro, pero le faltaron 2. Y no les diré cuáles son.

Esta obra se terminó de imprimir en febrero de 2014
en los talleres de Edamsa Impresiones S.A. de C.V.
Av. Hidalgo No. 111, Col. Fracc. San Nicolás Tolentino,
Del. Iztapalapa, C.P. 09850, México, D.F.